von
Javier Navarro González

4

¡Vamos! ¡Adelante!

Grammatisches Beiheft

Ernst Klett Verlag
Stuttgart · Leipzig

1. Auflage 1 5 4 3 2 | 2021 20 19 18

Alle Drucke dieser Auflage sind unverändert und können im Unterricht nebeneinander verwendet werden.
Die letzte Zahl bezeichnet das Jahr dieses Druckes.

Autor: Javier Navarro González

Redaktion: Arántzazu González Cerverón, Sonja Schafft
Herstellung: Lina Schedlbauer

Satz und Gestaltung: Miriam Brusniak | Preiselbeerdesign, Koblenz
Umschlaggestaltung und Gestaltungskonzept: know idea GmbH, Freiburg
Umschlagfoto: shutterstock, New York, NY: (Jesse Kraft)
Illustrationen: Sven Palmowski, Barcelona; David Revilla López, Barcelona; Inge Voets, Berlin
Druck: Himmer GmbH Druckerei, Augsburg

Printed in Germany
ISBN 978-3-12-536053-2

9 783125 360532

Inhaltsverzeichnis

¡Recuerda!

Crucigrama de gramática

Repasa los términos gramaticales más importantes.
Lee las definiciones en alemán y completa el crucigrama con las soluciones en español.

1 Es bildet den zweiten Teil des *pretérito perfecto*.
2 Er bezeichnet die Grundform des Verbs.
3 Es begleitet ein Nomen und ist in Geschlecht und Zahl an dieses angepasst.
4 Es wird in Verbindung mit *estar* verwendet und bildet den zweiten Teil der Verlaufsform „gerade etwas tun".
5 Mit dieser Vergangenheitsform beziehst du dich auf vergangene Handlungen, die noch einen Bezug zur Gegenwart haben.
6 Diese Vergangenheitsform verwendest du für Beschreibungen und Gewohnheiten.
7 Es bezieht sich auf ein Verb, ein Adjektiv, einen ganzen Satz oder ein anderes …
8 Mit dieser Zeitform drückst du vergangene Handlungen in einem abgeschlossenen Zeitraum aus.
9 Man braucht ihn, um Befehle auszudrücken.
10 Man braucht ihn, um Gefühle, Wünsche, Zweifel und Bitten zu äußern.

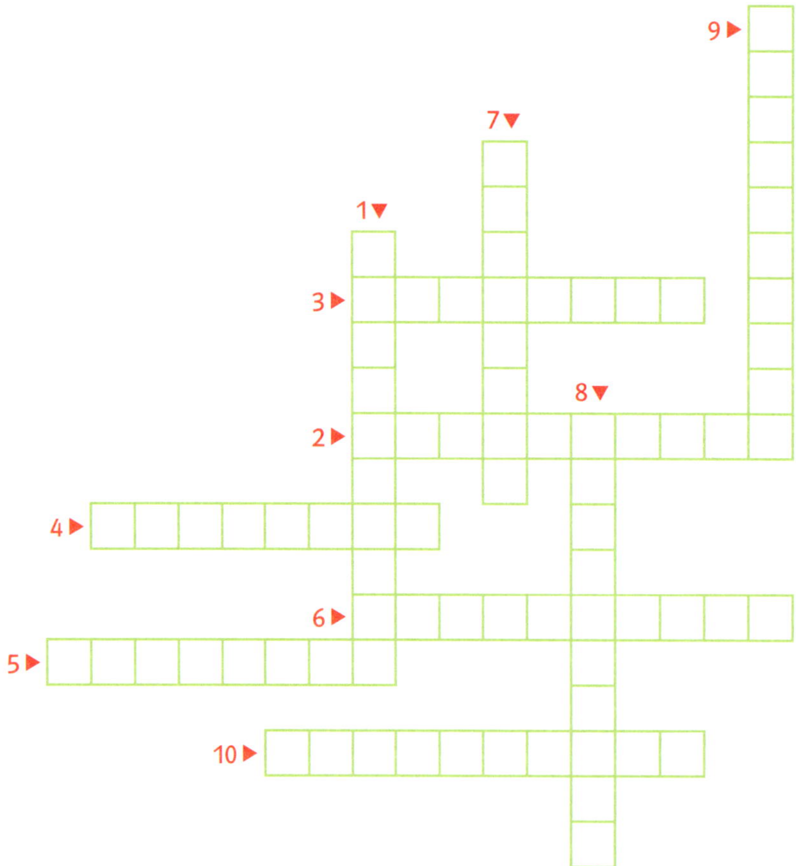

→ La solución del crucigrama la encuentras en la página 30.

Grammatik verstehen und üben

Mit diesem **Grammatischen Beiheft** kannst du die Grammatik von ***¡Vamos! ¡Adelante! 4*** lernen und wiederholen.

Du kannst z. B. in der Pause oder im Bus die Übungen machen oder Grammatikregeln nachschlagen, die dir nicht mehr einfallen.

Zu jeder Lektion des Schülerbuchs gibt es auch in diesem Heft ein Kapitel mit Paragrafen zu den einzelnen Themen, wie z. B.:

El imperativo en el estilo indirecto, *Der Imperativ in der indirekten Rede*

§ 3 Dice que vengas.

Passend zu den Grammatikregeln findest du Beispiele und Bilder, die dir helfen, die Regeln zu verstehen. Die Beispiele sind auch ins Deutsche übersetzt, damit du die Regeln noch schneller erfassen kannst.

¡Recuerda! erinnert dich an Grammatikinhalte, auf die du aufbauen kannst. Unter **¡Ojo!** findest du Ausnahmen und wichtige Hinweise auf das Deutsche oder Englische. Und der **Tipp!** gibt zusätzliche Ratschläge, die dir das Lernen der Grammatik erleichtern.

Jedes Kapitel schließt mit **¡Ahora practicamos!-Übungen**, mit denen du die Grammatik der Lektion gezielt üben und wiederholen kannst.

Im Anhang stehen die **Lösungen** zu allen Übungen (ab Seite 28). Mit ihrer Hilfe kannst du überprüfen, ob du alles richtig gemacht hast.

Wenn du nicht sicher bist, wie eine bestimmte Verbform heißt, helfen dir die **Verbtabellen** (ab Seite 31). Hier findest du Muster für alle Formen, die du in ***¡Vamos! ¡Adelante! 4*** gelernt hast.

Die **Kleine Grammatikschule** (ab Seite 43) enthält alle Grammatikbegriffe, die in ***¡Vamos! ¡Adelante! 4*** vorkommen. Neben jedem Begriff (auf Deutsch und Spanisch) stehen eine Erklärung, passende Beispiele sowie der Verweis auf den Paragrafen und die Seite im Heft. So kannst du schnell die ganze Regel nachschlagen. Natürlich kannst du die Paragrafen und Seiten auch über das **Register** auf den Seiten 47 und 48 finden.

Viel Spaß und Erfolg beim Nachschlagen und Üben!

Dein *¡Vamos! ¡Adelante!*-Team

1 Argentina

Las subordinadas de relativo con preposición
Die Relativsätze mit Präposition

§1 a la que, con los que

¡Recuerda!

Gardel es un cantante. **Gardel** me gusta.

↓

Gardel es un cantante **que** me gusta.
Gardel ist ein Sänger, der mir gefällt.

Ein **Relativsatz** ist eine Möglichkeit, Sätze miteinander zu verbinden, um ein Bezugswort genauer zu erklären.
Im Spanischen wird ein Relativsatz in der Regel mit dem Relativpronomen **que** (**der**, **die**, **das**) eingeleitet.

¡Ojo!

Quiero **que** me mandes una postal de Buenos Aires.
Ich möchte, dass du mir eine Postkarte aus Buenos Aires schickst.

Das Wort **que** kann aber auch einen Nebensatz einleiten, der im Deutschen mit **dass** übersetzt wird.

Las historias **de <u>las</u> que** hablan sus canciones son tristes.
Die Geschichten, von denen seine Lieder erzählen, sind traurig.

Wenn der Relativsatz mit einer **Präposition** eingeleitet wird, muss **vor que** der **Artikel des Bezugsworts** stehen.

Buenos Aires es la ciudad **en la que** vivió.
Buenos Aires es la ciudad **donde** vivió.

Mit **donde** kann man die Relativpronomen mit **en + el** / **la** / **los** / **las que** ersetzen.

Tipp! Anders als die Fragewörter **qué** und **dónde** tragen die **Relativpronomen und Relativadverbien keinen Akzent**.

¡Ahora practicamos!

1 Completa las frases con **que / el que / la que / los que** o **las que**.

a) Toulouse es la ciudad en ■ nació Carlos Gardel en 1890.
b) Gardel, ■ se llamaba realmente Charles Romuald Gardes, creció en Buenos Aires.
c) Desde niño iba a bares y restaurantes en ■ cantaba tangos.
d) Sus tangos, con ■ ganó mucho dinero, fueron muy famosos en Argentina.
e) Gardel fue el primer cantante latinoamericano ■ tuvo éxito en Europa.
f) Su vida, sobre ■ se han escrito libros, terminó en 1935 en un accidente de avión.
g) Hoy podemos ver a Gardel en películas con ■ tuvo mucho éxito.

2 Mira las frases del ejercicio 1. Escribe con **donde** las frases en las que es posible usarlo.

Ojalá, tal vez, quizás, probablemente con subjuntivo
Der subjuntivo nach ojalá, tal vez, quizás, probablemente

§ 2 ojalá, tal vez …

a) ojalá

¡Recuerda!

Espero que …
Deseo que … } + subjuntivo

Der **subjuntivo** wird nach **Verben des Wünschens + que** verwendet.

Ojalá **nos mudemos**.
Hoffentlich ziehen wir um.

Da der Sprecher mit **ojalá** einen Wunsch ausdrückt, steht das Verb des Satzes ebenfalls im **subjuntivo**.

¡Ojo!

¡Que te diviertas! / ¡Que os divirtáis!
Viel Spaß!

Man kann auch einen Wunsch ausdrücken, indem man nur **que** verwendet.

b) tal vez, quizás, probablemente, posiblemente

¡Recuerda!

Es posible que… } + subjuntivo
Puede ser que…

Der **subjuntivo** wird nach unpersönlichen Ausdrücken verwendet, die **keine Sicherheit** ausdrücken.

Tal vez **vayamos** a la Patagonia.
Vielleicht fliegen wir nach Patagonien.

Probablemente **nieve** mucho allí.
Wahrscheinlich schneit es dort viel.

Einige Adverbien können mit **Indikativ** oder **subjuntivo** stehen: Gilt eine Aussage als wahrscheinlich, verwendet man den Indikativ. Gilt sie hingegen als **zweifelhaft**, benutzt man den **subjuntivo**.

Tipp! **A lo mejor** verwendet man ausschließlich mit dem Indikativ.

¡Ahora practicamos!

1 Cambia la parte subrayada por un adverbio adecuado o por ojalá.

Espero que en invierno nieve. → Ojalá en invierno nieve.

a) Es posible que viajemos en verano.
b) Puede ser que visitemos a mi primo Mario, que es argentino.
c) Y puede ser que vivamos en su casa.
d) ¡Deseo que nos acompañe en nuestro viaje al sur!
e) Es muy posible que durmamos entonces en un hotel de San Marcos.
f) ¡Que podamos ver ballenas!
g) ¡Y que no veamos osos! ¡Qué miedo!

2 Practica las formas verbales. Completa las frases con el verbo en el tiempo adecuado.

a) Espero que mi padre (**jubilarse**).
b) Quizás (**yo, acompañarlo**) a la Patagonia.
c) Probablemente allí (**yo, ver**) un glaciar.
d) A lo mejor (**nosotros, ver**) delfines.
e) Posiblemente (**haber**) también pingüinos.
f) Tal vez (**nosotros, volar**) después a Chile.

El imperativo en el estilo indirecto
Der Imperativ in der indirekten Rede

§ 3 Dice que vengas.

¡Recuerda!

Os pido que…
Me recomienda que… } + subjuntivo
Te aconsejo que…

Der **subjuntivo** wird nach **Verben der Willensäußerung** verwendet.

¡**Sal** de la habitación!

<u>Me pide que</u> **salga** de la habitación.
Er/Sie bittet mich, das Zimmer zu verlassen.

Ratschläge, Befehle, Vorschläge und Bitten können **in der indirekten Rede** wiedergegeben werden. Dazu wird der **subjuntivo** verwendet.

¡Ojo!

Dame mi chaqueta, por favor.
Gib mir *bitte* ***meine*** *Jacke.*

Miguel me pide que **le dé su** chaqueta.
Miguel bittet mich, ***ihm seine*** *Jacke zu geben.*
(wörtlich = dass ich ***ihm seine*** *Jacke* ***gebe****)*

Bei der Umwandlung der direkten in die indirekte Rede werden **Verbform**, **Personalpronomen**, **Possessiv- und Demonstrativbegleiter** der Perspektive des neuen Sprechers angepasst.

Tipp!

Juan dice que no **puede** venir.
Juan sagt, dass er nicht kommen kann.

Mi profesor dice que **estudie** más.
Mein Lehrer empfiehlt mir, mehr zu lernen.

Auf **decir + que** kann sowohl der **Indikativ** als auch **subjuntivo** folgen:
- **Indikativ** wird verwendet, wenn **Aussagen** wiedergegeben werden.
- **Subjuntivo** wird verwendet, wenn **decir** in der Bedeutung von **recomendar** oder **pedir** gebraucht wird.

¡Ahora practicamos!

1 Escribe estas frases en el **estilo indirecto**. Cambia el verbo en imperativo por una forma en subjuntivo.

La profesora nos dice que…

a) ¡Abrid los libros!
b) Haced los deberes.
c) Coged un bolígrafo azul.
d) Usad vuestro diccionario.
e) No perdáis el tiempo.
f) Entregadme los deberes.

2 Escribe la forma del verbo en indicativo o subjuntivo.

a) Mi amiga Elena me dice que (**tener**) dos entradas para el teatro.
b) Me cuenta que (**ser**) una representación sobre el acoso escolar.
c) Me dice que yo la (**acompañar**).
d) Yo le respondo que me (**parecer**) bien.
e) Me dice que yo la (**llamar**) al móvil antes de salir de casa.
f) Me dice que nos (**ver**) delante del edificio del teatro.

La colocación de dos pronombres de objeto
Die Stellung von zwei Objektpronomen

§ 4 Se lo digo.

¡Recuerda!

me
te
lo / la
nos
os
los / las
} vieron

Das **direkte Objekt** gibt Antwort auf die Frage **Wen?** oder **Was?** und wird durch das direkte Objektpronomen ersetzt.

¡Recuerda!

me
te
le
nos
os
les
} gustó

Das **indirekte Objekt** gibt Antwort auf die Frage **Wem?** und wird durch das indirekte Objektpronomen ersetzt.

Me das un regalo. **Me lo** das.
Du gibst mir ein Geschenk. Du gibst es mir.

Stehen zwei Objektpronomen beim Verb, lautet die Reihenfoge:
indirektes + direktes Objektpronomen.

le(s) + lo(s) → se lo(s)
le(s) + la(s) → se la(s)

Doy a Julia una carta. **Se la** doy.
Ich gebe Julia einen Brief. Ich gebe ihn ihr.

Steht das indirekte Objekpronomen der 3. Person **le** oder **les** vor einem direkten Objektpronomen, wird es zu **se**.

¡Recuerda! Voy a hacer**lo**. / **Lo** voy a hacer.
Ich werde es tun.

Dí**melo**.
Sag es mir.

Objektpronomen können (nach **gerundio** oder **Infinitiv**) oder müssen (nach einem **bejahten Imperativ**) an das Verb angehängt werden.

¡Ojo! Werden **zwei Pronomen an das Verb angehängt**, wird das Verb laut den Akzentregeln immer mit **Akzent** geschrieben.

Campañas para jóvenes

¡Ahora practicamos!

1 Contesta afirmativamente las preguntas y usa pronombres como en el ejemplo.

¿Trajisteis los carteles? → Sí, los trajimos.

a) ¿Preparasteis un trabajo sobre el acoso?
b) ¿Les gustó vuestro vídeo a vuestros compañeros de clase?
c) ¿Contasteis a los alumnos una historia divertida?
d) ¿Disteis consejos a vuestros amigos?
e) ¿Explicasteis la palabra «campaña» en clase?

2 Contesta afirmativamente las preguntas y escribe las dos posibilidades de colocar los pronombres.

¿Están dando importancia a la noticia? → Sí, se la están dando. → Sí, están dándosela.

a) ¿Me estás escuchando?
b) ¿Vas a enviar mensajes también a todos los padres?
c) ¿Puedes escribir una carta a las víctimas?
d) ¿Quieres prohibir las amenazas?
e) ¿Vas a entregarme al final los resultados?

3 Traduce las siguientes oraciones.

a) Wann wirst du deiner Freundin das Lied singen? – Ich singe es ihr morgen.
b) Hast du die Bücher mitgebracht? Gib sie ihr.
c) Er hat es mir zehn Mal erklärt, aber ich verstehe gar nichts.
d) Wie peinlich! Sag es ihr nicht.
e) Das funktioniert nicht. Ich habe es dir gesagt.
f) Wo hast du die Gitarre gekauft? – Mein Onkel hat sie mir geschenkt.

El futuro – las formas regulares

Das Futur – die regelmäßigen Formen

§ 5 trabajaré, conocerás...

¡Recuerda!

Mañana **se casa** mi prima.
Mañana **se va a casar** mi prima.
Mañana **se casará** mi prima.
Morgen heiratet meine Cousine.

Bisher konntest du dich mit dem **Präsens** und mit **ir a + Infinitiv** auf die Zukunft beziehen. Jetzt lernst du eine weitere Möglichkeit kennen: das **Futur**.

	trabajar	**conocer**	**abrir**
yo	trabaja**ré**	conoce**ré**	abri**ré**
tú	trabaja**rás**	conoce**rás**	abri**rás**
él / ella, usted	trabaja**rá**	conoce**rá**	abri**rá**
nosotros, -as	trabaja**remos**	conoce**remos**	abri**remos**
vosotros, -as	trabaja**réis**	conoce**réis**	abri**réis**
ellos / ellas, ustedes	trabaja**rán**	conoce**rán**	abri**rán**

Viajaré, **conoceré** países y te **escribiré** postales.
Ich werde reisen, Länder kennenlernen und dir Postkarten schreiben.

Um das **Futur** zu bilden, werden bei allen Verben dieselben **Endungen an den Infinitiv** gehängt.

Tipp!

Nosotras también **viajaremos**.
Wir werden auch reisen.

Nur die **1. Person Plural** trägt keinen Akzent.

3 Los planes para el futuro

Auch wenn in der gesprochenen Sprache **ir a + Infinitiv** häufiger verwendet wird als das **Futur** und beide Zeitformen oft austauschbar sind, gibt es Unterschiede.

Mit **ir a + Infinitiv** wird über Ereignisse und Pläne gesprochen, die unmittelbar bevorstehen bzw. für die es bereits Anzeichen gibt.

¡Ojo! **I'm going to call** you tomorrow.

Im Englischen drückt man Pläne für die **nahe Zukunft** mit dem Präsens von **to be + going to + Infinitiv** aus.

Dentro de dos años **sabremos** la respuesta.
In zwei Jahren werden wir die Antwort kennen.

Mit dem **Futur** wird eher ausgedrückt, was man über zukünftige Ereignisse denkt, hofft oder vermutet.

¡Ojo! In two years we **will know** the answer.

Im Englischen bringt man Vermutungen mit **will + Infinitiv** zum Ausdruck.

¡Ahora practicamos!

1 Escribe en futuro las formas verbales que no están en futuro.

a) llevan
b) me imagino
c) comeréis
d) ganáis
e) lees
f) paso
g) sirve
h) pediremos
i) cumplirás
j) doy
k) solucionamos
l) vas

2 ¿Cómo será la vida de Miguel dentro de diez años? Forma frases con el verbo en futuro y con la información entre paréntesis.

Vive en una casa grande. (un piso) → Vivirá en un piso.

a) Vive con sus padres. (con su novia)
b) Es creativo. (competitivo).
c) No trabaja. (trabajar en un hospital)
d) Él y su novia no viajan nunca. (a Argentina)
e) Va a todos los lugares en bicicleta. (en coche)
f) Le da importancia a las buenas notas. (al éxito profesional)

El futuro – las formas irregulares
Das Futur – die unregelmäßigen Formen

§ 6 diré, harás…

decir	**dir**é, **dir**ás, **dir**á…
hacer	**har**é, **har**ás, **har**á…
poder	**podr**é, **podr**ás, **podr**á…
poner	**pondr**é, **pondr**ás, **pondr**á…
querer	**querr**é, **querr**ás, **querr**á…
saber	**sabr**é, **sabr**ás, **sabr**á…
salir	**saldr**é, **saldr**ás, **saldr**á…
tener	**tendr**é, **tendr**ás, **tendr**á…
venir	**vendr**é, **vendr**ás, **vendr**á…
hay	**habr**á

Diese Verben haben im Futur einen **unregelmäßigen Stamm.**
Die Endungen des Futurs sind bei diesen Verben regelmäßig.

Tipp!

poner	**pondr**é, **pondr**ás, **pondr**á…
proponer	**propondr**é, **propondr**ás, **propondr**á…

Werden die oben genannten Verben **mit Vorsilbe** verwendet, bleibt die **Unregelmäßigkeit im Stamm** bestehen.

¡Ahora practicamos!

1 Relaciona las formas del presente con las formas del futuro.

a) puedo
b) hay
c) decimos
d) quieren
e) hace
f) vienen
g) salimos
h) sé
i) puede
j) tienes
k) salgo
l) pongo

diremos | habrá | hará | podrá | podré | pondré | querrán | sabré | saldré | saldremos | tendrás | vendrán

2 Escribe las frases con los verbos en futuro.

a) **Digo** la verdad.
b) Julio y Ana **tienen** un buen trabajo.
c) **Quitas** importancia a la historia.
d) **Mantienes** todo limpio.
e) **Saben** montar a caballo.
f) **Me arrepiento** de lo que hice.
g) **Apagas** la luz.
h) **Proponemos** una solución.
i) La gente **tira** demasiada basura.
j) Usted **quiere** viajar.
k) **Salís** del coche.
l) Te **ofrezco** una bebida.

3 Traduce y usa la forma de futuro adecuada. Piensa en las diferencias entre **ir a + infinitivo** y las formas del **futuro** (ver página 14).

a) Heute Abend werden wir einen Film im Kino sehen.
b) In 50 Jahren wird niemand mehr Briefe schreiben.
c) Nächstes Jahr werden sie nach Kanada fliegen.
d) Ich werde heute Abend mit ihm sprechen.

Los planes para el futuro

El verbo seguir + gerundio
Das Verb seguir + Gerundium

§7 sigue hablando

En Madrid **sigue lloviendo** y **haciendo** frío.
In Madrid regnet es weiter, und es ist weiterhin kalt.

Das Verb **seguir + gerundio** kann im Deutschen mit **weiter(hin) etwas tun**, **etwas weitermachen** oder **(immer) noch etwas tun** übersetzt werden.

¡Ojo!

El perro me ha **seguido** hasta la casa.
Der Hund ist mir bis nach Hause gefolgt.

Ohne gerundio bedeutet das Verb **seguir folgen** oder **weitergehen**.

¡Recuerda!

compr(ar): compr**ando**
vend(er): vend**iendo**
sal(ir): sal**iendo**

pref**e**rir	pref**i**rió	pref**i**riendo
p**e**dir	p**i**dió	p**i**diendo
p**o**der	p**u**do	p**u**diendo
l**e**er (Vokal)	le**y**ó	le**y**endo
ir		**y**endo

Das **gerundio** bildet man mit dem Verbstamm und mit den **Endungen -ando** oder **-iendo**.

Achte auch auf die **Unregelmäßigkeiten beim gerundio**, die in der Tabelle links gezeigt werden.
Diese Unregelmäßigkeiten betreffen nur Verben, die auf **-er** oder **-ir** enden.

¡Ahora practicamos!

1 Forma el gerundio de los siguientes verbos.

a) salir
b) pedir
c) llorar
d) sentirse
e) pensar
f) dormir
g) oír
h) venir
i) poner
j) traer
k) acosar
l) decir

2 Traduce y usa **seguir + gerundio**.

a) Es regnet immer noch.
b) Wir leben immer noch in Bilbao.
c) Räume das Zimmer weiter auf.
d) Lars lernt immer noch Spanisch.
e) Ich fühle mich weiterhin schlecht.
f) Fahrt ihr noch Ski?
g) Sie streiten noch immer.
h) Spielst du noch Gitarre?

El condicional – las formas regulares

Das Konditional – die regelmäßigen Formen

§ 8 trabajaría, conocerías…

	trabajar	comer	abrir
yo	trabajar**ía**	comer**ía**	abrir**ía**
tú	trabajar**ías**	comer**ías**	abrir**ías**
él / ella, usted	trabajar**ía**	comer**ía**	abrir**ía**
nosotros, -as	trabajar**íamos**	comer**íamos**	abrir**íamos**
vosotros, -as	trabajar**íais**	comer**íais**	abrir**íais**
ellos / ellas, ustedes	trabajar**ían**	comer**ían**	abrir**ían**

¡Recuerda!

perder	
perd**ía**	perd**íamos**
perd**ías**	perd**íais**
perd**ía**	perd**ían**

Die Verben, die auf **-er** und **-ir** enden, bilden das **pretérito imperfecto** mit den Endungen auf **-ía**.

Infinitiv	Endungen des imperfecto (-er / -ir)
apagar	ía
te bajar	ías
volver	ía
perder	íamos
ir	íais
se aburrir	ían

Um das **condicional** zu bilden, werden die Endungen des **pretérito imperfecto** der Verben auf **-er** und **-ir** an den **Infinitiv** angehängt.

¡Ojo! Alle Verbformen im **condicional** tragen einen **Akzent auf dem í**.

4 El agua, el oro azul

Sería posible ahorrar energía eléctrica.
Es wäre möglich, Strom zu sparen.

Estaría bien ir en tren, ¿no?
Wäre es nicht gut, mit dem Zug zu fahren?

Deberías ahorrar agua.
Du solltest Wasser sparen.

¿**Sería** posible apagar la luz?
Wäre es möglich, das Licht auszuschalten?

Nos **gustaría** ir a Mallorca.
Wir würden gerne nach Mallorca fliegen.

Das **condicional** wird verwendet, um:

- Möglichkeiten auszudrücken,
- Vorschläge zu machen,
- Ratschläge zu erteilen,
- höfliche Bitten zu formulieren,
- Wünsche zu äußern.

¡Ahora practicamos!

1 Indica qué verbos están en condicional.

a) corríamos
b) aprobará
c) terminaría
d) pediríamos
e) romperían
f) se morían
g) matarían
h) querían
i) duraría
j) abríamos
k) ocurrían
l) entregaríais

2 Escribe las formas correctas del condicional.

a) tú / perder
b) yo / dibujar
c) ellos / morirse
d) vosotras / estar
e) vosotros / nacer
f) ella / discutir
g) nosotros / ir
h) ustedes / gritar
i) yo / pelearse
j) él / invitar
k) usted / llorar
l) vosotros / leer

3 Completa las frases con el verbo correcto en condicional y traduce al alemán.

deber | estar | gustar | preferir

Juan: Me ■ ir en verano a Barcelona.
María: ■ bien comprarnos un coche eléctrico.
Juan: Yo ■ no tener coche: es más ecológico.
María: Tienes razón, nosotros ■ ir más en tren.

El condicional – las formas irregulares
Das Konditional – die unregelmäßigen Formen

§ 9 podría, dirías …

¡Recuerda!

Tendré una casa grande.
Ich werde ein großes Haus haben.

In Paragraf **§ 6** hast du die Verben gelernt, die im **Futur unregelmäßig** sind.

	futuro	condicional
decir	**diré**	**dir**ía, **dir**ías, **dir**ía…
hacer	**har**é	**har**ía, **har**ías, **har**ía…
poder	**podr**é	**podr**ía, **podr**ías, **podr**ía…
poner	**pondr**é	**pondr**ía, **pondr**ías, **pondr**ía…
querer	**querr**é	**querr**ía, **querr**ías, **querr**ía…
saber	**sabr**é	**sabr**ía, **sabr**ías, **sabr**ía…
salir	**saldr**é	**saldr**ía, **saldr**ías, **saldr**ía…
tener	**tendr**é	**tendr**ía, **tendr**ías, **tendr**ía…
venir	**vendr**é	**vendr**ía, **vendr**ías, **vendr**ía…
hay	**habr**á	**habr**ía

Der **Stamm** der unregelmäßigen Verben im **condicional** ist mit dem im **Futur** identisch. Die Endungen entsprechen denen der regelmäßigen Formen.

Tipp!

poner	**pondr**ía, **pondr**ías, **pondr**ía…
proponer	**propondr**ía, **propondr**ías, **propondr**ía…

Bei den Verben **mit Vorsilbe** bleibt die **Unregelmäßigkeit im Stamm** bestehen.

4 El agua, el oro azul

¡Ahora practicamos!

1 Escribe las formas verbales en condicional.

a) puedo
b) había
c) diremos
d) han querido
e) hace
f) venían
g) salimos
h) supe
i) pude
j) has tenido
k) salgo
l) pondré

2 Haz preguntas más amables (*höflicher*) y usa el condicional como en el ejemplo.

Ayúdame. → ¿Me ayudarías?

a) Dame un poco de sal.
b) Haz surf con mis amigos.
c) Pide la cuenta.
d) Salid con mi hermano pequeño.
e) Invitad a mi novio.
f) Ofrecedme algo para beber.

3 ¡Lluvia de dinero! Escribe los deseos de estas personas con los verbos en condicional.

Sol – comer helado todos los días. → Sol comería helado todos los días.

a) Pablo – comprar una casa enorme en una isla.
b) Ana y Elena – viajar a la luna en las vacaciones.
c) Nosotros – comprar todos los videojuegos de las tiendas.
d) Yo – dar todo el dinero a la gente que no tiene.
e) Ellos – ahorrar y no hacer nada.
f) Yo – salir todas las tardes con mis amigos.

4 Traduce y usa los verbos entre paréntesis en condicional.

a) Was würdet ihr tun, um den Stromverbrauch zu reduzieren? (hacer)
b) Ich könnte nachts das Licht ausmachen. (poder)
c) Wir müssten die Umwelt schützen. (tener que)
d) Wir sollten Wasser sparen. (deber)
e) Man müsste weniger Strom verbrauchen. (hay que)

5 Traduce estos consejos y usa los verbos en condicional.

a) Ich an deiner Stelle würde diese E-Mail nicht schreiben.
b) Sie sollte mit Julián über das Problem reden.
c) Ihr könntet mehr Strom und mehr Wasser sparen.
d) Wenn ich du wäre, würde ich eine andere Lösung suchen.

La voz pasiva con ser, *Das Passiv mit* ser

§10 es escrito, fue construida

Aktiv und Passiv drücken verschiedene Handlungsarten aus. Das **Passiv** stellt die Handlung, eine von der Handlung betroffene Person oder einen von der Handlung hergestellten Zustand dar.
Der Urheber der Handlung (das logische Subjekt) tritt dagegen zurück und muss nicht genannt werden.

¿No pasan trenes? ¿Entonces para qué **ha sido construida** esta estación?

¡Recuerda!

Aquí **se habla** alemán.
Hier spricht man Deutsch.
Hier wird Deutsch gesprochen.

Aquí **se hablan** tres idiomas.
Hier spricht man drei Sprachen.
Hier werden drei Sprachen gesprochen.

Du kannst bereits deutsche Passivsätze auf Spanisch wiedergeben, und zwar mit dem Pronomen **se + Verb in der dritten Person** (Singular oder Plural).
Jetzt lernst du, wie man das Passiv mithilfe von **ser** bildet.

Pasiva = verbo ser + participio

El nuevo edificio **es criticado**.
Das neue Gebäude wird kritisiert.

Las murallas del castillo de Montjuïc **fueron construidas** en el siglo XVII.
Die Mauern der Burg von Montjuïc wurden im 17. Jahrhundert erbaut.

Das Passiv wird mit dem konjugierten Verb **ser** und dem **Partizip Perfekt** gebildet.
Das Partizip Perfekt wird in Genus und Numerus an das Subjekt angeglichen.

Millones de turistas visitan Barcelona.

Barcelona es visitada **por** millones de turistas.

Das Subjekt aus dem Aktivsatz kann mithilfe der Präposition **por** an den Passivsatz angehängt werden.

¡Ojo! Anders als im Deutschen wird das Passiv im Spanischen aber eher selten verwendet. Man findet es hauptsächlich in der Behördensprache oder in Zeitungstexten.

5 Barcelona

¡Ahora practicamos!

1 Escribe el verbo **ser** en el tiempo y forma correctos.

a) Barcelona ■ visitada cada año por millones de turistas.
b) Esta mañana ■ inaugurado el nuevo auditorio de Barcelona.
c) Las murallas del castillo de Montjuïc ■ construidas en el siglo XVII.
d) Los lugares más interesantes pueden ■ visitados a pie.
e) Es posible que el auditorio ■ construido en esa plaza.

2 En vez de usar el pronombre **se + verbo**, escribe las frases en **pasiva con ser**.

Se vendieron muchos alimentos. → Muchos alimentos fueron vendidos.

a) Se vendieron las tres casas.
b) Se organizaron dos conciertos.
c) Se inauguró el parque.
d) Se fabricaron muchos mosaicos.
e) Se construyó una muralla.
f) Se criticó el espectáculo.

3 Escribe las frases en **pasiva con ser** como en el ejemplo.

Cristóbal Colón descubrió América. → América fue descubierta por Cristóbal Colón.

a) Gaudí construyó ese edificio modernista.
b) Muchos turistas visitan la Sagrada Familia.
c) Un artista ha vendido las dos estatuas.
d) El arquitecto Moneo diseñó ese museo.

El uso de ser y estar, *Der Gebrauch von* ser *und* estar

§11 soy rubio, estás enfadada

Mi padre **es** médico.
Mein Vater ist Arzt.

Este **soy** yo cuando tenía ocho años.
Das bin ich, als ich acht Jahre alt war.

Estoy en Berlín.
Ich bin in Berlin.

Estamos en verano.
Es ist Sommer.
(wörtlich: Wir sind im Sommer.)

Das Verb **ser** wird vor einem Substantiv oder Pronomen verwendet.
Das Verb **estar** wird für Orts- und Zeitangaben **mit der Präposition en** verwendet.

¡Ojo! El concierto **es** en el auditorio.
*Das Konzert **findet** im Konzerthaus **statt**.*

In Verbindung mit einer Ortsangabe kann aber auch **ser** verwendet werden, wenn das Verb **stattfinden** bedeutet.

Soy alérgico al pescado.
Ich bin auf Fisch allergisch.

Mi hermana **es** rubia.
Meine Schwester ist blond.

Estoy enfermo desde ayer.
Ich bin seit gestern krank.

Mi hermana **está** muy enfadada.
Meine Schwester ist sehr verärgert.

Das Verb **ser** wird mit Adjektiven verwendet, die bleibende oder **charakteristische Eigenschaften** beschreiben, d.h. wenn etwas von Natur aus gegeben ist.
Dagegen wird das Verb **estar** mit Adjektiven verwendet, die veränderliche Eigenschaften oder **vorübergehende Zustände** beschreiben.

5 Barcelona

Einige Adjektive **ändern ihre Bedeutung**, je nachdem, ob sie mit **ser** oder **estar** verwendet werden.

ser	**estar**	**ser**	**estar**
ser aburrido, -a *langweilig sein*	estar aburrido, -a *sich langweilen*	ser bueno, -a *gut sein*	estar bueno, -a *gesund sein*
ser abierto, -a *aufgeschlossen sein*	estar abierto, -a *geöffnet sein*	ser rico, -a *reich sein*	estar rico, -a *lecker sein*
ser vivo, -a *lebhaft sein*	estar vivo, -a *am Leben sein*	ser consciente (de) *sich bewusst sein*	estar consciente *bei Bewusstsein sein*
ser malo, -a *schlecht sein*	estar malo, -a *krank sein*	ser claro, -a *hell sein*	estar claro, -a *eindeutig sein*

¡Ahora practicamos!

1 Elige la forma verbal correcta.

a) Ahora **es / está** invierno.
b) Ahora **somos / estamos** en invierno.
c) ¿Dónde **es / está** la estación fantasma?
d) ¿Qué **es / está** una estación fantasma?
e) Aquí **era / estaba** el auditorio.
f) ¿Dónde **es / está** el concierto?

2 Completa con la forma correcta de los verbos **ser** o **estar**.

a) María normalmente ■ muy alegre, pero esta mañana ■ triste.
b) ¡Camarero, esta pizza ■ fría!
c) Mario, ■ muy serio. ¿Te ha pasado algo?
d) Antes del examen Fernando ■ muy nervioso. Ahora ya ■ tranquilo.
e) Para este trabajo hay que ■ muy responsable.

3 Traduce y piensa en los diferentes significados de los adjetivos según su uso con **ser** o **estar**.

a) María ist sehr aufgeschlossen.
b) Diese Suppe ist sehr lecker!
c) Der Film ist gut.
d) Der Laden ist offen.
e) Meine Großeltern sind reich.
f) María war krank, aber jetzt ist sie wieder gesund.

El pluscuamperfecto, *Das Plusquamperfekt*

§12 **había hecho**

¡Recuerda!

He comido mucho.
Ich habe viel gegessen.

hablar → habl**ado**
comer → com**ido**
salir → sal**ido**

creer → creído
caer → caído

abrir → **abierto**
decir → **dicho**
descubrir → **descubierto**
escribir → **escrito**
hacer → **hecho**
morir → **muerto**
poner → **puesto**
romper → **roto**
ver → **visto**
volver → **vuelto**

Du kennst bereits das **pretérito perfecto**, das aus dem Präsens des Hilfsverbs **haber** und dem **Partizip Perfekt** besteht.
Das regelmäßige Partizip Perfekt wird mit den Endungen **-ado** (Verben auf **-ar**) und **-ido** (Verben auf **-er**, **-ir**) gebildet.

Stehen **a**, **e**, oder **o** vor der Endung **-ido**, erhält das **-i-** einen **Akzent**.

Manche Verben haben ein **unregelmäßiges Partizip Perfekt**.

Tipp!

poner → **puesto**
proponer → pro**puesto**

Bei den **Verben mit Vorsilbe** bleibt die Unregelmäßigkeit im Partizip Perfekt bestehen.

infinitivo	participio
abrir	Hemos **abierto** la puerta.
decir	Tus padres han **dicho** la verdad.
descubrir	Han **descubierto** una cueva antigua.
escribir	He **escrito** dos cartas.
hacer	¿Has **hecho** la cama?

infinitivo	participio
morir	¿Cuántas víctimas han **muerto**?
ponerse	Me he **puesto** el abrigo.
romper	Tú has **roto** el bote.
ver	No he **visto** esa película.
volver	¿Por qué no has **vuelto** todavía?

pretérito pluscuamperfecto	
había	
habías	
había	acept**ado**
habíamos	quer**ido**
habíais	eleg**ido**
habían	

Das **pretérito pluscuamperfecto** besteht aus dem **imperfecto von haber** und dem **Partizip Perfekt**.

6 La noche del accidente

Cuando Carlos llegó…

… Marta ya **se había ido**.

Ayer encontré una carta que **había escrito** mi abuela.
Gestern fand ich einen Brief, den meine Oma geschrieben hatte.

Cuando Ana llegó, ya **habíamos cenado**.
Als Ana kam, hatten wir schon zu Abend gegessen.

Das **pretérito pluscuamperfecto** drückt eine **Vorvergangenheit** aus.
Es beschreibt also Ereignisse, die vor einem anderen Zeitpunkt in der Vergangenheit stattgefunden haben.

¡Ahora practicamos!

1 Escribe las formas verbales en pretérito pluscuamperfecto.

a) preparo
b) perdéis
c) recurren
d) te sientes
e) traen
f) se ríen
g) escribimos
h) dice
i) propongo
j) va
k) descubrís
l) rompes

2 Completa las frases de un modo lógico con un verbo en pretérito pluscuamperfecto.

a) Nos fuimos porque ya ■ dos horas.
b) Ayer encontré la pluma que ■ la semana pasada.
c) Ernesto sacó muy buenas notas porque ■ mucho.
d) Cuando Carlota llegó al cine, la película ya ■.
e) Como Ana ya ■ de su enfermedad, pudo jugar el partido.

empezar | perder | esperar | recuperarse | estudiar

Adjetivos que cambian de significado, *Bedeutungsveränderung von Adjektiven*

§13 el pobre chico, el chico pobre

vor dem Substantiv	nach dem Substantiv
mi **antigua** casa *vorherig*	una casa **antigua** *alt gebaut*
una **gran** mujer *großartig*	una mujer **grande** *groß*
mi **nuevo** coche *neu für mich*	mi coche **nuevo** *neu gebaut*
un **pobre** hombre *bedauernswert*	un hombre **pobre** *arm*
un **simple** problema *nur (ein Problem)*	un problema **simple** *einfach*

Manche Adjektive ändern ihre Bedeutung je nachdem, ob sie **vor** oder **nach dem Substantiv** stehen, das sie begleiten.
Wenn diese Adjektive **vor dem Nomen** stehen, haben sie in der Regel eine **Bedeutung im übertragenen Sinn**.

¡Ojo! Im Singular wird das Adjektiv **grande** zu **gran**, wenn es **vor dem Substantiv** steht.

Napoleón no era un hombre **grande**, pero era un **gran** hombre.

¡Ahora practicamos!

Traduce y escribe los adjetivos **antes o después** del sustantivo.

a) Arme Rosa, niemand ruft dich an.
b) Roberto ist der neue (feste) Freund von Marisa.
c) Ich wohne in einem großen Haus mit acht Zimmern.
d) Es ist eine alte Kirche aus dem 15. Jahrhundert.
e) Ich brauche ein einfaches Beispiel.
f) Luis hilft mir immer. Er ist ein großartiger Mensch.

Lösungen

Unidad 1

§1 a la que, con los que

1 a) la que
b) que
c) los que
d) los que
e) que
f) la que
g) las que

2 a) Toulouse es la ciudad **donde** nació Carlos Gardel en 1890.
c) Desde niño iba a bares y restaurantes **donde** cantaba tangos.

§2 ojalá, tal vez...

1 a) **Posiblemente / tal vez / quizás** viajemos en verano.
b) **Posiblemente / tal vez / quizás** visitemos a mi primo Mario, que es argentino.
c) Y **posiblemente / tal vez / quizás** vivamos en su casa.
d) ¡**Ojalá** nos acompañe en nuestro viaje al sur!
e) **Muy probablemente / muy posiblemente** durmamos entonces en un hotel de San Marcos.
f) ¡**Ojalá** podamos ver ballenas!
g) ¡Y **ojalá** no veamos osos! ¡Qué miedo!

2 a) Espero que mi padre **se jubile**.
b) Quizás **lo acompañe** a la Patagonia.
c) Probablemente allí **vea** un glaciar.
d) A lo mejor **vemos** delfines.
e) Posiblemente **haya** también pingüinos.
f) Tal vez **volemos** después a Chile.

Unidad 2

§3 Dice que vengas.

1 a) ...**abramos** los libros.
b) ...**hagamos** los deberes.
c) ...**cojamos** un bolígrafo azul.
d) ...**usemos nuestro** diccionario.
e) ...no **perdamos** el tiempo.
f) ...**le entreguemos** los deberes.

2 a) tiene
b) es
c) acompañe
d) parece
e) llame
f) veamos

§4 Se lo digo.

1 a) Sí, **lo** preparamos.
b) Sí, **les** gustó (nuestro vídeo).
c) Sí, **se la** contamos.
d) Sí, **se los** dimos.
e) Sí, **la** explicamos (en clase).

2 a) Sí, **te** estoy escuchando. / Sí, estoy escuch**á**ndo**te**.
b) Sí, **se los** voy a enviar. / Sí, voy a envi**á**r**selos**.
c) Sí, **se la** puedo escribir. / Sí, puedo escrib**í**r**sela**.
d) Sí, **las** quiero prohibir. / Sí, quiero prohibir**las**.
e) Sí, **te los** voy a entregar (al final). / Sí, voy a entreg**á**r**telos** (al final).

3 a) ¿Cuándo **le** vas a cantar la canción a tu novia? – **Se la** voy a cantar mañana.
b) ¿Has traído los libros? Dá**selos**.
c) **Me lo** ha explicado diez veces, pero no entiendo nada.
d) ¡Qué vergüenza! No **se lo** digas.
e) No funciona. **Te lo** he dicho.
f) ¿Dónde has comprado la guitarra? – **Me la** regaló/ ha regalado mi tío.

Unidad 3

§5 trabajaré, conocerás...

1 a) llevarán
b) me imaginaré
d) ganaréis
e) leerás
f) pasaré
g) servirá
j) daré
k) solucionaremos
l) irás

2 a) **Vivirá** con su novia.
b) **Será** competitivo.
c) **Trabajará** en un hospital.
d) Él y su novia **viajarán** a Argentina.
e) **Irá** a todos los lugares en coche.
f) Le **dará** importancia al éxito profesional.

§6 diré, harás...

1 a) puedo – podré
b) hay – habrá
c) decimos – diremos
d) quieren – querrán
e) hace – hará
f) vienen – vendrán
g) salimos – saldremos
h) sé – sabré
i) puede – podrá
j) tienes – tendrás
k) salgo – saldré
l) pongo – pondré

2 a) **Diré** la verdad.
b) Julio y Ana **tendrán** un buen trabajo.
c) **Quitarás** importancia a la historia.
d) **Mantendrás** todo limpio.
e) **Sabrán** montar a caballo.
f) **Me arrepentiré** de lo que hice.
g) **Apagarás** la luz.
h) **Propondremos** una solución.
i) La gente **tirará** demasiada basura.
j) Usted **querrá** viajar.
k) **Saldréis** del coche.
l) Te **ofreceré** una bebida.

3 a) Esta tarde / noche **vamos a ver** una película en el cine.
b) Dentro de 50 años ya nadie **escribirá** cartas.
c) El próximo año **volarán / irán** a Canadá.
d) **Voy a hablar** con él esta noche.
(En las frases a) y d) se puede usar también el futuro.)

§7 sigue hablando

1 a) saliendo
b) p**i**diendo
c) llorando
d) sint**ié**ndose
e) pensando
f) d**u**rmiendo
g) o**y**endo
h) v**i**niendo
i) poniendo
j) tra**y**endo
k) acosando
l) d**i**ciendo

2 a) Sigue lloviendo.
b) Seguimos viviendo en Bilbao.
c) Sigue ordenando la habitación.
d) Lars sigue estudiando español.
e) Me sigo sintiendo mal. / Sigo sintiéndome mal.
f) ¿Seguís esquiando?
g) Siguen discutiendo.
h) ¿Sigues tocando la guitarra?

Unidad 4

§8 trabajaría, conocerías…

1 c) terminaría
d) pediríamos
e) romperían
g) matarían
i) duraría
l) entregaríais

2 a) perderías
b) dibujaría
c) se morirían
d) estaríais
e) naceríais
f) discutiría
g) iríamos
h) gritarían
i) me pelearía
j) invitaría
k) lloraría
l) leeríais

3 **Juan:** gustaría – Ich würde im Sommer gerne nach Barcelona fahren.
María: Estaría – Es wäre gut, wenn wir ein Elektroauto kaufen würden.
Juan: preferiría – Ich würde lieber kein Auto haben: Es ist umweltfreundlicher.
María: deberíamos – Du hast Recht, wir sollten öfter mit dem Zug fahren.

§9 podría, dirías…

1 a) podría
b) habría
c) diríamos
d) querrían
e) haría
f) vendrían
g) saldríamos
h) sabría
i) podría
j) tendrías
k) saldría
l) pondría

2 a) ¿Me **darías** un poco de sal?
b) ¿**Harías** surf con mis amigos?
c) ¿**Pedirías** la cuenta?
d) ¿**Saldríais** con mi hermano pequeño?
e) ¿**Invitaríais** a mi novio?
f) ¿Me **ofreceríais** algo para beber?

3 a) Pablo **compraría** una casa enorme en una isla.
b) Ana y Elena **viajarían** a la luna en las vacaciones.
c) Nosotros **compraríamos** todos los videojuegos de las tiendas.
d) Yo **daría** todo el dinero a la gente que no tiene.
e) Ellos **ahorrarían** y no **harían** nada.
f) Yo **saldría** todas las tardes con mis amigos.

4 a) ¿Qué **haríais** para reducir el consumo de energía eléctrica?
b) **Podría** apagar la luz por la noche.
c) **Tendríamos que** proteger el medio ambiente.
d) **Deberíamos** ahorrar agua.
e) **Habría que** consumir menos energía eléctrica.

5 a) Yo, en tu lugar, no **escribiría** ese / este e-mail.
b) Ella **debería** hablar con Julián sobre el problema.
c) Vosotros / vosotras **podríais** ahorrar más energía eléctrica y más agua.
d) Yo que tú **buscaría** otra solución.

Unidad 5

§10 es escrito, fue construida

1 a) es
b) ha sido
c) fueron
d) ser
e) sea

2 a) Las tres casas **fueron vendidas**.
b) Dos conciertos **fueron organizados**.
c) El parque **fue inaugurado**.
d) Muchos mosaicos **fueron fabricados**.
e) Una muralla **fue construida**.
f) El espectáculo **fue criticado**.

3 a) Ese edificio modernista **fue construido** por Gaudí.
b) La Sagrada Familia **es visitada** por muchos turistas.
c) Las dos estatuas **han sido vendidas** por un artista.
d) Ese museo **fue diseñado** por el arquitecto Moneo.

§11 soy rubio, estás enfadada

1 a) es
b) estamos
c) está
d) es
e) estaba
f) es

2 a) es – está
b) está
c) estás
d) estaba – está
e) ser

3 a) María **es** muy abierta.
b) ¡Esta sopa **está** muy rica!
c) La película **es** buena.
d) La tienda **está** abierta.
e) Mis abuelos **son** ricos.
f) María **estaba** mala, pero ahora ya **está** buena otra vez.

Unidad 6

§12 había hecho

1 a) había preparado
b) habíais perdido
c) habían recurrido
d) te habías sentido
e) habían traído
f) se habían reído
g) habíamos escrito
h) había dicho
i) había propuesto
j) había ido
k) habíais descubierto
l) habías roto

2 a) habíamos esperado
b) había perdido
c) había estudiado
d) había empezado
e) se había recuperado

§13 el pobre chico, el chico pobre

a) **Pobre** Rosa, nadie te llama / no te llama nadie.
b) Roberto es el **nuevo** novio de Marisa.
c) Vivo en una casa **grande** con ocho habitaciones.
d) Es una iglesia **antigua** del siglo XV.
e) Necesito un ejemplo **simple**.
f) Luis me ayuda siempre. Es una **gran** persona.

¡Recuerda!

Crucigrama de gramática de la página 4

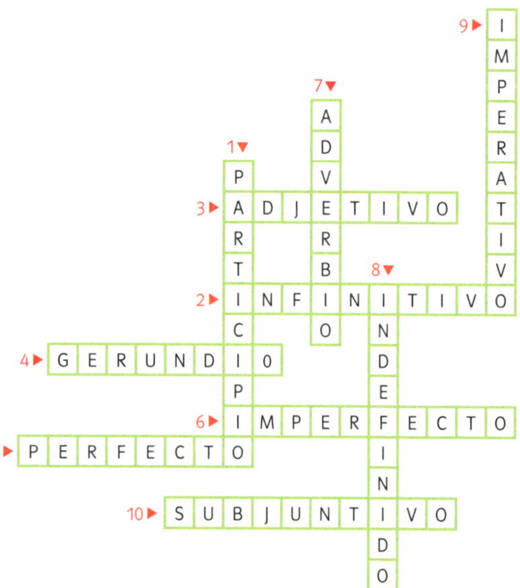

Folgende Tabellen geben dir einen Überblick über die Verbkonjugationen.
Unter „Regelmäßige Verben" findest du Muster für alle regelmäßigen Verbformen, die du bisher in *¡Vamos! ¡Adelante!* gelernt hast.
Unter „Unregelmäßige Verben" findest du alle Verben mit orthografischen Änderungen, Gruppenverben und unregelmäßige Verben, die bis *¡Vamos! ¡Adelante! 4* vorkommen, in alphabetischer Reihenfolge. Bei einigen Verben wird auf das Konjugationsmuster von anderen Verben verwiesen, weil sie gleich konjugiert werden.

Los verbos regulares Regelmäßige Verben

1. Verben auf *-ar*

presente de indicativo	pretérito indefinido	pretérito imperfecto	futuro simple	condicional simple	presente de subjuntivo	imperativo
acept**o**	acept**é**	acept**aba**	aceptar**é**	aceptar**ía**	acept**e**	acept**a**
acept**as**	acept**aste**	acept**abas**	aceptar**ás**	aceptar**ías**	acept**es**	acept**ad**
acept**a**	acept**ó**	acept**aba**	aceptar**á**	aceptar**ía**	acept**e**	participio
acept**amos**	acept**amos**	acept**ábamos**	aceptar**emos**	aceptar**íamos**	acept**emos**	acept**ado**
acept**áis**	acept**asteis**	acept**abais**	aceptar**éis**	aceptar**íais**	acept**éis**	gerundio
acept**an**	acept**aron**	acept**aban**	aceptar**án**	aceptar**ían**	acept**en**	acept**ando**

2. Verben auf *-er*

presente de indicativo	pretérito indefinido	pretérito imperfecto	futuro simple	condicional simple	presente de subjuntivo	imperativo
deb**o**	deb**í**	deb**ía**	deber**é**	deber**ía**	deb**a**	deb**e**
deb**es**	deb**iste**	deb**ías**	deber**ás**	deber**ías**	deb**as**	deb**ed**
deb**e**	deb**ió**	deb**ía**	deber**á**	deber**ía**	deb**a**	participio
deb**emos**	deb**imos**	deb**íamos**	deber**emos**	deber**íamos**	deb**amos**	deb**ido**
deb**éis**	deb**isteis**	deb**íais**	deber**éis**	deber**íais**	deb**áis**	gerundio
deb**en**	deb**ieron**	deb**ían**	deber**án**	deber**ían**	deb**an**	deb**iendo**

Ebenso: **romper** (mit Ausnahme des participio: **roto**)

3. Verben auf *-ir*

presente de indicativo	pretérito indefinido	pretérito imperfecto	futuro simple	condicional simple	presente de subjuntivo	imperativo
discut**o**	discut**í**	discut**ía**	discutir**é**	discutir**ía**	discut**a**	discut**e**
discut**es**	discut**iste**	discut**ías**	discutir**ás**	discutir**ías**	discut**as**	discut**id**
discut**e**	discut**ió**	discut**ía**	discutir**á**	discutir**ía**	discut**a**	participio
discut**imos**	discut**imos**	discut**íamos**	discutir**emos**	discutir**íamos**	discut**amos**	discut**ido**
discut**ís**	discut**isteis**	discut**íais**	discutir**éis**	discutir**íais**	discut**áis**	gerundio
discut**en**	discut**ieron**	discut**ían**	discutir**án**	discutir**ían**	discut**an**	discut**iendo**

Ebenso: **abrir**, **descubrir**, **escribir** (mit Ausnahme der participios: **abierto**, **descubierto**, **escrito**);
inscribirse, aber reflexiv (imperativo: inscríbete, inscribíos; participio: **inscrito**; gerundio: inscribiéndose)

Verbtabellen

Los verbos reflexivos Reflexive Verben

4. pelearse

presente de indicativo	pretérito indefinido	pretérito imperfecto	futuro simple	condicional simple	presente de subjuntivo	imperativo
me peleo	**me** peleé	**me** peleaba	**me** pelearé	**me** pelearía	**me** pelee	pel**é**a**te**
te peleas	**te** peleaste	**te** peleabas	**te** pelearás	**te** pelearías	**te** pelees	pelea**os**
se pelea	**se** peleó	**se** peleaba	**se** peleará	**se** pelearía	**se** pelee	participio
nos peleamos	**nos** peleamos	**nos** peleábamos	**nos** pelearemos	**nos** pelearíamos	**nos** peleemos	peleado
os peleáis	**os** peleasteis	**os** peleabais	**os** pelearéis	**os** pelearíais	**os** peleéis	gerundio
se pelean	**se** pelearon	**se** peleaban	**se** pelearán	**se** pelearían	**se** peleen	pele**á**ndo**se**

Los verbos irregulares Unregelmäßige Verben

5. alcanzar (z-c)

presente de indicativo	pretérito indefinido	pretérito imperfecto	futuro simple	condicional simple	presente de subjuntivo	imperativo
alcanzo	alcan**c**é	alcanzaba	alcanzaré	alcanzaría	alcan**c**e	alcanza
alcanzas	alcanzaste	alcanzabas	alcanzarás	alcanzarías	alcan**c**es	alcanzad
alcanza	alcanzó	alcanzaba	alcanzará	alcanzaría	alcan**c**e	participio
alcanzamos	alcanzamos	alcanzábamos	alcanzaremos	alcanzaríamos	alcan**c**emos	alcanzado
alcanzáis	alcanzasteis	alcanzabais	alcanzaréis	alcanzaríais	alcan**c**éis	gerundio
alcanzan	alcanzaron	alcanzaban	alcanzarán	alcanzarían	alcan**c**en	alcanzando

Ebenso: **cruzar**, **lanzar**, **organizar**, **responsabilizarse**, aber reflexiv (imperativo: responsabil**í**zate, responsabilizaos; gerundio: responsabiliz**á**ndose)

6. andar

presente de indicativo	pretérito indefinido	pretérito imperfecto	futuro simple	condicional simple	presente de subjuntivo	imperativo
ando	**anduve**	andaba	andaré	andaría	ande	anda
andas	**anduviste**	andabas	andarás	andarías	andes	andad
anda	**anduvo**	andaba	andará	andaría	ande	participio
andamos	**anduvimos**	andábamos	andaremos	andaríamos	andemos	andado
andáis	**anduvisteis**	andabais	andaréis	andaríais	andéis	gerundio
andan	**anduvieron**	andaban	andarán	andarían	anden	andando

7. apagar (g-gu)

presente de indicativo	pretérito indefinido	pretérito imperfecto	futuro simple	condicional simple	presente de subjuntivo	imperativo
apago	apa**gu**é	apagaba	apagaré	apagaría	apa**gu**e	apaga
apagas	apagaste	apagabas	apagarás	apagarías	apa**gu**es	apagad
apaga	apagó	apagaba	apagará	apagaría	apa**gu**e	participio
apagamos	apagamos	apagábamos	apagaremos	apagaríamos	apa**gu**emos	apagado
apagáis	apagasteis	apagabais	apagaréis	apagaríais	apa**gu**éis	gerundio
apagan	apagaron	apagaban	apagarán	apagarían	apa**gu**en	apagando

Ebenso: **descargar**, **entregar**, **juzgar**, **llegar**, **pagar**

8. caer

presente de indicativo	pretérito indefinido	pretérito imperfecto	futuro simple	condicional simple	presente de subjuntivo	imperativo
caigo	caí	caía	caeré	caería	**caiga**	cae
caes	caíste	caías	caerás	caerías	**caigas**	caed
cae	ca**y**ó	caía	caerá	caería	**caiga**	participio
caemos	caímos	caíamos	caeremos	caeríamos	**caigamos**	caído
caéis	caísteis	caíais	caeréis	caeríais	**caigáis**	gerundio
caen	ca**y**eron	caían	caerán	caerían	**caigan**	ca**y**endo
Ebenso: **caerse**, aber reflexiv (imperativo: c**á**ete, caeos, gerundio: ca**yé**ndose)						

9. cerrar (-ie-)

presente de indicativo	pretérito indefinido	pretérito imperfecto	futuro simple	condicional simple	presente de subjuntivo	imperativo
cierro	cerré	cerraba	cerraré	cerraría	**cie**rre	**cie**rra
cierras	cerraste	cerrabas	cerrarás	cerrarías	**cie**rres	cerrad
cierra	cerró	cerraba	cerrará	cerraría	**cie**rre	participio
cerramos	cerramos	cerrábamos	cerraremos	cerraríamos	cerremos	cerrado
cerráis	cerrasteis	cerrabais	cerraréis	cerraríais	cerréis	gerundio
cierran	cerraron	cerraban	cerrarán	cerrarían	**cie**rren	cerrando
Ebenso: **negar**, aber g-gu (indefinido: ne**gué**; presente de subjuntivo: nie**gu**e), **pensar**, **recomendar**, **temblar**						

10. coger (g-j)

presente de indicativo	pretérito indefinido	pretérito imperfecto	futuro simple	condicional simple	presente de subjuntivo	imperativo
co**j**o	cogí	cogía	cogeré	cogería	co**j**a	coge
coges	cogiste	cogías	cogerás	cogerías	co**j**as	coged
coge	cogió	cogía	cogerá	cogería	co**j**a	participio
cogemos	cogimos	cogíamos	cogeremos	cogeríamos	co**j**amos	cogido
cogéis	cogisteis	cogíais	cogeréis	cogeríais	co**j**áis	gerundio
cogen	cogieron	cogían	cogerán	cogerían	co**j**an	cogiendo
Ebenso: **escoger**, **proteger**						

11. comunicar (c-qu)

presente de indicativo	pretérito indefinido	pretérito imperfecto	futuro simple	condicional simple	presente de subjuntivo	imperativo
comunico	comuni**qu**é	comunicaba	comunicaré	comunicaría	comuni**qu**e	comunica
comunicas	comunicaste	comunicabas	comunicarás	comunicarías	comuni**qu**es	comunicad
comunica	comunicó	comunicaba	comunicará	comunicaría	comuni**qu**e	participio
comunicamos	comunicamos	comunicábamos	comunicaremos	comunicaríamos	comuni**qu**emos	comunicado
comunicáis	comunicasteis	comunicabais	comunicaréis	comunicaríais	comuni**qu**éis	gerundio
comunican	comunicaron	comunicaban	comunicarán	comunicarían	comuni**qu**en	comunicando
Ebenso: **acercarse**, aber reflexiv (imperativo: ac**é**rcate, acercaos; gerundio: acerc**á**ndose), **buscar**, **comunicarse**, aber reflexiv (imperativo: comun**í**cate, comunicaos; gerundio: comunic**á**ndose), **criticar**, **dedicar**, **explicar**, **fabricar**, **sacar**, **significar**, **tocar**						

Verbtabellen

12. conducir (-zco / c-j)

presente de indicativo	pretérito indefinido	pretérito imperfecto	futuro simple	condicional simple	presente de subjuntivo	imperativo
condu**zc**o	condu**je**	conducía	conduciré	conduciría	condu**zc**a	conduce
conduces	condu**j**iste	conducías	conducirás	conducirías	condu**zc**as	conducid
conduce	condu**jo**	conducía	conducirá	conduciría	condu**zc**a	participio
conducimos	condu**j**imos	conducíamos	conduciremos	conduciríamos	condu**zc**amos	conducido
conducís	condu**j**isteis	conducíais	conduciréis	conduciríais	condu**zc**áis	gerundio
conducen	condu**jeron**	conducían	conducirán	conducirían	condu**zc**an	conduciendo
Ebenso: **reducir**						

13. confiar (-í-)

presente de indicativo	pretérito indefinido	pretérito imperfecto	futuro simple	condicional simple	presente de subjuntivo	imperativo
conf**í**o	confié	confiaba	confiaré	confiaría	conf**í**e	conf**í**a
conf**í**as	confiaste	confiabas	confiarás	confiarías	conf**í**es	confiad
conf**í**a	confió	confiaba	confiará	confiaría	conf**í**e	participio
confiamos	confiamos	confiábamos	confiaremos	confiaríamos	confiemos	confiado
confiáis	confiasteis	confiabais	confiaréis	confiaríais	confiéis	gerundio
conf**í**an	confiaron	confiaban	confiarán	confiarían	conf**í**en	confiando
Ebenso: **enviar**, **esquiar**						

14. construir (-y-)

presente de indicativo	pretérito indefinido	pretérito imperfecto	futuro simple	condicional simple	presente de subjuntivo	imperativo
constru**y**o	construí	construía	construiré	construiría	constru**y**a	constru**y**e
constru**y**es	construiste	construías	construirás	construirías	constru**y**as	construid
constru**y**e	constru**yó**	construía	construirá	construiría	constru**y**a	participio
construimos	construimos	construíamos	construiremos	construiríamos	constru**y**amos	construido
construís	construisteis	construíais	construiréis	construiríais	constru**y**áis	gerundio
constru**y**en	constru**y**eron	construían	construirán	construirían	constru**y**an	constru**y**endo
Ebenso: **huir**						

15. convencer (-zo)

presente de indicativo	pretérito indefinido	pretérito imperfecto	futuro simple	condicional simple	presente de subjuntivo	imperativo
conven**z**o	convencí	convencía	convenceré	convencería	conven**z**a	convence
convences	convenciste	convencías	convencerás	convencerías	conven**z**as	convenced
convence	convenció	convencía	convencerá	convencería	conven**z**a	participio
convencemos	convencimos	convencíamos	convenceremos	convenceríamos	conven**z**amos	convencido
convencéis	convencisteis	convencíais	convenceréis	convenceríais	conven**z**áis	gerundio
convencen	convencieron	convencían	convencerán	convencerían	conven**z**an	convenciendo

16. crecer (-zco)

presente de indicativo	pretérito indefinido	pretérito imperfecto	futuro simple	condicional simple	presente de subjuntivo	imperativo
cre**zc**o	crecí	crecía	creceré	crecería	cre**zc**a	crece
creces	creciste	crecías	crecerás	crecerías	cre**zc**as	creced
crece	creció	crecía	crecerá	crecería	cre**zc**a	participio
crecemos	crecimos	crecíamos	creceremos	creceriamos	cre**zc**amos	crecido
crecéis	crecisteis	crecíais	creceréis	creceríais	cre**zc**áis	gerundio
crecen	crecieron	crecían	crecerán	crecerían	cre**zc**an	creciendo

Ebenso: **conocer**, **desaparecer**, **nacer**, **ofrecer**, **parecer**, **pertenecer**

17. creer

presente de indicativo	pretérito indefinido	pretérito imperfecto	futuro simple	condicional simple	presente de subjuntivo	imperativo
creo	creí	creía	creeré	creería	crea	cree
crees	creíste	creías	creerás	creerías	creas	creed
cree	cre**y**ó	creía	creerá	creería	crea	participio
creemos	creímos	creíamos	creeremos	creeríamos	creamos	creído
creéis	creísteis	creíais	creeréis	creeríais	creáis	gerundio
creen	cre**y**eron	creían	creerán	creerían	crean	cre**y**endo

Ebenso: **leer**

18. dar

presente de indicativo	pretérito indefinido	pretérito imperfecto	futuro simple	condicional simple	presente de subjuntivo	imperativo
doy	**di**	daba	daré	daría	**dé**	da
das	**diste**	dabas	darás	darías	des	dad
da	**dio**	daba	dará	daría	**dé**	participio
damos	**dimos**	dábamos	daremos	daríamos	demos	dado
d**ais**	**disteis**	dabais	daréis	daríais	d**eis**	gerundio
dan	**dieron**	daban	darán	darían	den	dando

Ebenso: **darse** cuenta de algo, aber reflexiv (imperativo: date, daos; gerundio: d**á**ndose)

19. demostrar (-ue-)

presente de indicativo	pretérito indefinido	pretérito imperfecto	futuro simple	condicional simple	presente de subjuntivo	imperativo
dem**ue**stro	demostré	demostraba	demostraré	demostraría	dem**ue**stre	dem**ue**stra
dem**ue**stras	demostraste	demostrabas	demostrarás	demostrarías	dem**ue**stres	demostrad
dem**ue**stra	demostró	demostraba	demostrará	demostraria	dem**ue**stre	participio
demostramos	demostramos	demostrábamos	demostraremos	demostraríamos	demostremos	demostrado
demostráis	demostrasteis	demostrabais	demostraréis	demostraríais	demostréis	gerundio
dem**ue**stran	demostraron	demostraban	demostrarán	demostrarían	dem**ue**stren	demostrando

Ebenso: **acordarse**, aber reflexiv (imperativo: ac**ué**rdate, acordaos; gerundio: acord**á**ndose);
comprobar, contar, costar, encontrar(se), mostrar, probar, sonar, soñar, volar

20. elegir (g-j / -i-)

presente de indicativo	pretérito indefinido	pretérito imperfecto	futuro simple	condicional simple	presente de subjuntivo	imperativo
el**ij**o	elegí	elegía	elegiré	elegiría	el**ij**a	el**i**ge
el**i**ges	elegiste	elegías	elegirás	elegirías	el**ij**as	elegid
el**i**ge	el**i**gió	elegía	elegirá	elegiría	el**ij**a	participio
elegimos	elegimos	elegíamos	elegiremos	elegiríamos	el**ij**amos	elegido
elegís	elegisteis	elegíais	elegiréis	elegiríais	el**ij**áis	gerundio
el**i**gen	el**i**gieron	elegían	elegirán	elegirían	el**ij**an	el**i**giendo

21. empezar (c-z / -ie-)

presente de indicativo	pretérito indefinido	pretérito imperfecto	futuro simple	condicional simple	presente de subjuntivo	imperativo
emp**ie**zo	empe**c**é	empezaba	empezaré	empezaría	emp**iec**e	emp**ie**za
emp**ie**zas	empezaste	empezabas	empezarás	empezarías	emp**iec**es	empezad
emp**ie**za	empezó	empezaba	empezará	empezaría	emp**iec**e	participio
empezamos	empezamos	empezábamos	empezaremos	empezaríamos	empe**c**emos	empezado
empezáis	empezasteis	empezabais	empezaréis	empezaríais	empe**c**éis	gerundio
emp**ie**zan	empezaron	empezaban	empezarán	empezarían	emp**iec**en	empezando
Ebenso: **comenzar**						

22. estar

presente de indicativo	pretérito indefinido	pretérito imperfecto	futuro simple	condicional simple	presente de subjuntivo	imperativo
estoy	**estuve**	estaba	estaré	estaría	**esté**	**está**
estás	**estuviste**	estabas	estarás	estarías	**estés**	estad
está	**estuvo**	estaba	estará	estaría	**esté**	participio
estamos	**estuvimos**	estábamos	estaremos	estaríamos	estemos	estado
estáis	**estuvisteis**	estabais	estaréis	estaríais	estéis	gerundio
están	**estuvieron**	estaban	estarán	estarían	**estén**	estando

23. freír

presente de indicativo	pretérito indefinido	pretérito imperfecto	futuro simple	condicional simple	presente de subjuntivo	imperativo
frío	freí	freía	freiré	freiría	fría	fríe
frí**e**s	freíste	freías	freirás	freirías	frías	freíd
fríe	fri**o**	freía	freirá	freiría	fría	participio
freímos	freímos	freíamos	freiremos	freiríamos	friamos	freído / **frito**
freís	freísteis	freíais	freiréis	freiríais	fri**a**is	gerundio
frí**e**n	fri**e**ron	freían	freirán	freirían	frían	fri**e**ndo
Ebenso: **reírse**, aber reflexiv (imperativo: ríete, reíos; gerundio: ri**é**ndose); **sonreír**						

24. haber

presente de indicativo	pretérito indefinido	pretérito imperfecto	futuro simple	condicional simple	presente de subjuntivo	participio
						habido
hay	**hubo**	había	**habr**á	**habr**ía	**haya**	gerundio
						habiendo

25. hacer

presente de indicativo	pretérito indefinido	pretérito imperfecto	futuro simple	condicional simple	presente de subjuntivo	imperativo
hago	**hice**	hacía	**har**é	**har**ía	**haga**	**haz**
haces	**hiciste**	hacías	**har**ás	**har**ías	**hagas**	haced
hace	**hizo**	hacía	**har**á	**har**ía	**haga**	participio
hacemos	**hicimos**	hacíamos	**har**emos	**har**íamos	**hagamos**	**hecho**
hacéis	**hicisteis**	hacíais	**har**éis	**har**íais	**hagáis**	gerundio
hacen	**hicieron**	hacían	**har**án	**har**ían	**hagan**	haciendo

26. ir

presente de indicativo	pretérito indefinido	pretérito imperfecto	futuro simple	condicional simple	presente de subjuntivo	imperativo
voy	**fui**	**iba**	iré	iría	**vaya**	**ve**
vas	**fuiste**	**ibas**	irás	irías	**vayas**	id
va	**fue**	**iba**	irá	iría	**vaya**	participio
vamos	**fuimos**	**íbamos**	iremos	iríamos	**vayamos**	ido
vais	**fuisteis**	**ibais**	iréis	iríais	**vayáis**	gerundio
van	**fueron**	**iban**	irán	irían	**vayan**	**y**endo
Ebenso: **irse**, aber reflexiv (imperativo: **vete**, **idos**; gerundio: **yé**ndose)						

27. jugar (g-gu / -ue-)

presente de indicativo	pretérito indefinido	pretérito imperfecto	futuro simple	condicional simple	presente de subjuntivo	imperativo
juego	**jugu**é	jugaba	jugaré	jugaría	**juegue**	**jue**ga
juegas	jugaste	jugabas	jugarás	jugarías	**juegue**s	jugad
juega	jugó	jugaba	jugará	jugaría	**juegue**	participio
jugamos	jugamos	jugábamos	jugaremos	jugaríamos	**jugu**emos	jugado
jugáis	jugasteis	jugabais	jugaréis	jugaríais	**jugu**éis	gerundio
juegan	jugaron	jugaban	jugarán	jugarían	**juegue**n	jugando

28. llover (-ue-)

presente de indicativo	pretérito indefinido	pretérito imperfecto	futuro simple	condicional simple	presente de subjuntivo	participio
						llovido
ll**ue**ve	llovió	llovía	lloverá	llovería	ll**ue**va	gerundio
						lloviendo

Verbtabellen

29. morir (-ue- / -u-)

presente de indicativo	pretérito indefinido	pretérito imperfecto	futuro simple	condicional simple	presente de subjuntivo	imperativo
muero	morí	moría	moriré	moriría	**mue**ra	**mue**re
mueres	moriste	morías	morirás	morirías	**mue**ras	morid
muere	**mu**rió	moría	morirá	moriría	**mue**ra	participio
morimos	morimos	moríamos	moriremos	moriríamos	**mu**ramos	**muerto**
morís	moristeis	moríais	moriréis	moriríais	**mu**ráis	gerundio
mueren	**mu**rieron	morían	morirán	morirían	**mue**ran	**mu**riendo

Ebenso: **dormir** (participio: dormido); **dormirse**, aber reflexiv (imperativo: d**ué**rmete, dorm**í**os; gerundio: d**urmié**ndose); **morirse**, aber reflexiv (imperativo: m**ué**rete, mor**í**os; gerundio: m**urié**ndose)

30. mover (-ue-)

presente de indicativo	pretérito indefinido	pretérito imperfecto	futuro simple	condicional simple	presente de subjuntivo	imperativo
muevo	moví	movía	moveré	movería	**mue**va	**mue**ve
mueves	moviste	movías	moverás	moverías	**mue**vas	moved
mueve	movió	movía	moverá	movería	**mue**va	participio
movemos	movimos	movíamos	moveremos	moveríamos	movamos	movido
movéis	movisteis	movíais	moveréis	moveríais	mováis	gerundio
mueven	movieron	movían	moverán	moverían	**mue**van	moviendo

Ebenso: **doler**, **moverse**, aber reflexiv (imperativo: mu**é**vete, moveos; gerundio: movi**é**ndose); **soler**, **volver** (aber participio: **vuelto**)

31. nevar (-ie-)

presente de indicativo	pretérito indefinido	pretérito imperfecto	futuro simple	condicional simple	presente de subjuntivo	participio
nieva	nevó	nevaba	nevará	nevaría	**nie**ve	nevado
						gerundio
						nevando

32. oír

presente de indicativo	pretérito indefinido	pretérito imperfecto	futuro simple	condicional simple	presente de subjuntivo	imperativo
oigo	oí	oía	oiré	oiría	**oiga**	o**y**e
o**y**es	oíste	oías	oirás	oirías	**oigas**	oíd
o**y**e	o**y**ó	oía	oirá	oiría	**oiga**	participio
oímos	oímos	oíamos	oiremos	oiríamos	**oigamos**	oído
oís	oísteis	oíais	oiréis	oiríais	**oigáis**	gerundio
o**y**en	o**y**eron	oían	oirán	oirían	**oigan**	o**y**endo

33. oler

presente de indicativo	pretérito indefinido	pretérito imperfecto	futuro simple	condicional simple	presente de subjuntivo	imperativo
huelo	olí	olía	oleré	olería	**huela**	**huele**
hueles	oliste	olías	olerás	olerías	**huelas**	oled
huele	olió	olía	olerá	olería	**huela**	participio
olemos	olimos	olíamos	oleremos	oleríamos	olamos	olido
oléis	olisteis	olíais	oleréis	oleríais	oláis	gerundio
huelen	olieron	olían	olerán	olerían	**huelan**	oliendo

34. pedir (-i-)

presente de indicativo	pretérito indefinido	pretérito imperfecto	futuro simple	condicional simple	presente de subjuntivo	imperativo
p**i**do	pedí	pedía	pediré	pediría	p**i**da	p**i**de
p**i**des	pediste	pedías	pedirás	pedirías	p**i**das	pedid
p**i**de	p**i**dió	pedía	pedirá	pediría	p**i**da	participio
pedimos	pedimos	pedíamos	pediremos	pediríamos	p**i**damos	pedido
pedís	pedisteis	pedíais	pediréis	pediríais	p**i**dáis	gerundio
p**i**den	p**i**dieron	pedían	pedirán	pedirían	p**i**dan	p**i**diendo
Ebenso: **rendirse**, aber reflexiv (imperativo: r**í**ndete, rend**í**os; gerundio: r**i**nd**ié**ndose); **repetir**, **servir**						

35. perder (-ie-)

presente de indicativo	pretérito indefinido	pretérito imperfecto	futuro simple	condicional simple	presente de subjuntivo	imperativo
p**ie**rdo	perdí	perdía	perderé	perdería	p**ie**rda	p**ie**rde
p**ie**rdes	perdiste	perdías	perderás	perderías	p**ie**rdas	perded
p**ie**rde	perdió	perdía	perderá	perdería	p**ie**rda	participio
perdemos	perdimos	perdíamos	perderemos	perderíamos	perdamos	perdido
perdéis	perdisteis	perdíais	perderéis	perderíais	perdáis	gerundio
p**ie**rden	perdieron	perdían	perderán	perderían	p**ie**rdan	perdiendo
Ebenso: **encender**, **entender**, **tender**						

36. poner

presente de indicativo	pretérito indefinido	pretérito imperfecto	futuro simple	condicional simple	presente de subjuntivo	imperativo
pongo	**puse**	ponía	**pondr**é	**pondr**ía	**ponga**	**pon**
pones	**pusiste**	ponías	**pondr**ás	**pondr**ías	**pongas**	poned
pone	**puso**	ponía	**pondr**á	**pondr**ía	**ponga**	participio
ponemos	**pusimos**	poníamos	**pondr**emos	**pondr**íamos	**pongamos**	**puesto**
ponéis	**pusisteis**	poníais	**pondr**éis	**pondr**íais	**pongáis**	gerundio
ponen	**pusieron**	ponían	**pondr**án	**pondr**ían	**pongan**	poniendo
Ebenso: **ponerse**, aber reflexiv (imperativo: ponte, poneos; gerundio: pon**ié**ndose); **proponer** (imperativo: prop**ó**n, proponed)						

37. preferir (-ie- / -i-)

presente de indicativo	pretérito indefinido	pretérito imperfecto	futuro simple	condicional simple	presente de subjuntivo	imperativo
pref**ie**ro	preferí	prefería	preferiré	preferiría	pref**ie**ra	pref**ie**re
pref**ie**res	preferiste	preferías	preferirás	preferirías	pref**ie**ras	preferid
pref**ie**re	pref**i**rió	prefería	preferirá	preferiría	pref**ie**ra	participio
preferimos	preferimos	preferíamos	preferiremos	preferiríamos	pref**i**ramos	preferido
preferís	preferisteis	preferíais	preferiréis	preferiríais	pref**i**ráis	gerundio
pref**ie**ren	pref**i**rieron	preferían	preferirán	preferirían	pref**ie**ran	pref**i**riendo
Ebenso: **arrepentirse**, aber reflexiv (imperativo: arrep**ié**ntete, arrepent**í**os; gerundio: arrep**i**nt**ié**ndose); **divertirse**, aber reflexiv (imperativo: div**ié**rtete, divert**í**os; gerundio: div**i**rt**ié**ndose); **referirse**, aber reflexiv (imperativo: ref**ié**rete, refer**í**os; gerundio: ref**i**r**ié**ndose); **sentirse**, aber reflexiv (imperativo: s**ié**ntete, sent**í**os; gerundio: s**i**nt**ié**ndose)						

38. prohibir (-í-)

presente de indicativo	pretérito indefinido	pretérito imperfecto	futuro simple	condicional simple	presente de subjuntivo	imperativo
proh**í**bo	prohibí	prohibía	prohibiré	prohibiría	proh**í**ba	proh**í**be
proh**í**bes	prohibiste	prohibías	prohibirás	prohibirías	proh**í**bas	prohibid
proh**í**be	prohibió	prohibía	prohibirá	prohibiría	proh**í**ba	participio
prohibimos	prohibimos	prohibíamos	prohibiremos	prohibiríamos	prohibamos	prohibido
prohibís	prohibisteis	prohibíais	prohibiréis	prohibiríais	prohibáis	gerundio
proh**í**ben	prohibieron	prohibían	prohibirán	prohibirían	proh**í**ban	prohibiendo

39. querer

presente de indicativo	pretérito indefinido	pretérito imperfecto	futuro simple	condicional simple	presente de subjuntivo	imperativo
qu**ie**ro	**quise**	quería	**querr**é	**querr**ía	qu**ie**ra	qu**ie**re
qu**ie**res	**quisiste**	querías	**querr**ás	**querr**ías	qu**ie**ras	quered
qu**ie**re	**quiso**	quería	**querr**á	**querr**ía	qu**ie**ra	participio
queremos	**quisimos**	queríamos	**querr**emos	**querr**íamos	queramos	querido
queréis	**quisisteis**	queríais	**querr**éis	**querr**íais	queráis	gerundio
qu**ie**ren	**quisieron**	querían	**querr**án	**querr**ían	qu**ie**ran	queriendo

40. reunirse (-ú-)

presente de indicativo	pretérito indefinido	pretérito imperfecto	futuro simple	condicional simple	presente de subjuntivo	imperativo
me re**ú**no	me reuní	me reunía	me reuniré	me reuniría	me re**ú**na	re**ú**nete
te re**ú**nes	te reuniste	te reunías	te reunirás	te reunirías	te re**ú**nas	reun**í**os
se re**ú**ne	se reunió	se reunía	se reunirá	se reuniría	se re**ú**na	participio
nos reunimos	nos reunimos	nos reuníamos	nos reuniremos	nos reuniríamos	nos reunamos	reunido
os reunís	os reunisteis	os reuníais	os reuniréis	os reuniríais	os reunáis	gerundio
se re**ú**nen	se reunieron	se reunían	se reunirán	se reunirían	se re**ú**nan	reuni**é**ndose
Ebenso: **tatuarse, aber auf -ar** (me tatúo, te tatúas, se tatúa…)						

41. saber

presente de indicativo	pretérito indefinido	pretérito imperfecto	futuro simple	condicional simple	presente de subjuntivo	imperativo
sé	**supe**	sabía	**sabr**é	**sabr**ía	**sepa**	sabe
sabes	**supiste**	sabías	**sabr**ás	**sabr**ías	**sepas**	sabed
sabe	**supo**	sabía	**sabr**á	**sabr**ía	**sepa**	participio
sabemos	**supimos**	sabíamos	**sabr**emos	**sabr**íamos	**sepamos**	sabido
sabéis	**supisteis**	sabíais	**sabr**éis	**sabr**íais	**sepáis**	gerundio
saben	**supieron**	sabían	**sabr**án	**sabr**ían	**sepan**	sabiendo

42. salir

presente de indicativo	pretérito indefinido	pretérito imperfecto	futuro simple	condicional simple	presente de subjuntivo	imperativo
salgo	salí	salía	**saldr**é	**saldr**ía	**salga**	**sal**
sales	saliste	salías	**saldr**ás	**saldr**ías	**salgas**	salid
sale	salió	salía	**saldr**á	**saldr**ía	**salga**	participio
salimos	salimos	salíamos	**saldr**emos	**saldr**íamos	**salgamos**	salido
salís	salisteis	salíais	**saldr**éis	**saldr**íais	**salgáis**	gerundio
salen	salieron	salían	**saldr**án	**saldr**ían	**salgan**	saliendo

43. seguir (gu-g / -i-)

presente de indicativo	pretérito indefinido	pretérito imperfecto	futuro simple	condicional simple	presente de subjuntivo	imperativo
sigo	seguí	seguía	seguiré	seguiría	**siga**	sigue
sigues	seguiste	seguías	seguirás	seguirías	**sigas**	seguid
sigue	siguió	seguía	seguirá	seguiría	**siga**	participio
seguimos	seguimos	seguíamos	seguiremos	seguiríamos	**sigamos**	seguido
seguís	seguisteis	seguíais	seguiréis	seguiríais	**sigáis**	gerundio
siguen	siguieron	seguían	seguirán	seguirían	**sigan**	siguiendo

44. ser

presente de indicativo	pretérito indefinido	pretérito imperfecto	futuro simple	condicional simple	presente de subjuntivo	imperativo
soy	**fui**	**era**	seré	sería	**sea**	**sé**
eres	**fuiste**	**eras**	serás	serías	**seas**	sed
es	**fue**	**era**	será	sería	**sea**	participio
somos	**fuimos**	**éramos**	seremos	seríamos	**seamos**	sido
sois	**fuisteis**	**erais**	seréis	seríais	**seáis**	gerundio
son	**fueron**	**eran**	serán	serían	**sean**	siendo

45. tener

presente de indicativo	pretérito indefinido	pretérito imperfecto	futuro simple	condicional simple	presente de subjuntivo	imperativo
tengo	**tuve**	tenía	**tendr**é	**tendr**ía	**tenga**	**ten**
tienes	**tuviste**	tenías	**tendr**ás	**tendr**ías	**tengas**	tened
tiene	**tuvo**	tenía	**tendr**á	**tendr**ía	**tenga**	participio
tenemos	**tuvimos**	teníamos	**tendr**emos	**tendr**íamos	**tengamos**	tenido
tenéis	**tuvisteis**	teníais	**tendr**éis	**tendr**íais	**tengáis**	gerundio
tienen	**tuvieron**	tenían	**tendr**án	**tendr**ían	**tengan**	teniendo

Ebenso: **detener(se)**, **entretener(se)**, **mantener**, **obtener** (imperativos: detén, mantén, obtén)

Verbtabellen

46. torcer (c-z / -ue-)

presente de indicativo	pretérito indefinido	pretérito imperfecto	futuro simple	condicional simple	presente de subjuntivo	imperativo
tuerzo	torcí	torcía	torceré	torcería	**tuerza**	t**ue**rce
t**ue**rces	torciste	torcías	torcerás	torcerías	**tuerzas**	torced
t**ue**rce	torció	torcía	torcerá	torcería	**tuerza**	participio
torcemos	torcimos	torcíamos	torceremos	torceríamos	**torzamos**	torcido
torcéis	torcisteis	torcíais	torceréis	torceríais	**torzáis**	gerundio
t**ue**rcen	torcieron	torcían	torcerán	torcerían	**tuerzan**	torciendo
Ebenso: **torcerse**, aber reflexiv (imperativo: t**ué**rcete, torceos; gerundio: torc**ié**ndose)						

47. traer

presente de indicativo	pretérito indefinido	pretérito imperfecto	futuro simple	condicional simple	presente de subjuntivo	imperativo
traigo	**traje**	traía	traeré	traería	**traiga**	trae
traes	**trajiste**	traías	traerás	traerías	**traigas**	traed
trae	**trajo**	traía	traerá	traería	**traiga**	participio
traemos	**trajimos**	traíamos	traeremos	traeríamos	**traigamos**	tra**í**do
traéis	**trajisteis**	traíais	traeréis	traeríais	**traigáis**	gerundio
traen	**trajeron**	traían	traerán	traerían	**traigan**	tra**y**endo

48. venir

presente de indicativo	pretérito indefinido	pretérito imperfecto	futuro simple	condicional simple	presente de subjuntivo	imperativo
vengo	**vine**	venía	**vendr**é	**vendr**ía	**venga**	**ven**
v**ie**nes	**viniste**	venías	**vendr**ás	**vendr**ías	**vengas**	venid
v**ie**ne	**vino**	venía	**vendr**á	**vendr**ía	**venga**	participio
venimos	**vinimos**	veníamos	**vendr**emos	**vendr**íamos	**vengamos**	venido
venís	**vinisteis**	veníais	**vendr**éis	**vendr**íais	**vengáis**	gerundio
v**ie**nen	**vinieron**	venían	**vendr**án	**vendr**ían	**vengan**	v**i**niendo

49. ver

presente de indicativo	pretérito indefinido	pretérito imperfecto	futuro simple	condicional simple	presente de subjuntivo	imperativo
veo	vi	**veía**	veré	vería	**vea**	ve
ves	viste	**veías**	verás	verías	**veas**	ved
ve	vio	**veía**	verá	vería	**vea**	participio
vemos	vimos	**veíamos**	veremos	veríamos	**veamos**	**visto**
veis	visteis	**veíais**	veréis	veríais	**veáis**	gerundio
ven	vieron	**veían**	verán	verían	**vean**	viendo

<table>
<tr><th>Begriff</th><th>Erklärung</th><th>Beispiele</th><th>§</th><th>S.</th></tr>
<tr><td>Bedeutungs-veränderung von Adjektiven
Adjetivos que cambian de significado</td><td>Manche Adjektive ändern ihre Bedeutung, je nachdem, ob sie vor oder nach dem Nomen stehen. Vor dem Nomen haben sie in der Regel eine Bedeutung im übertragenen Sinn.</td><td>una gran mujer ≠ una mujer grande
großartig groß

un pobre hombre ≠ un hombre pobre
bedauernswert arm</td><td>13</td><td>27</td></tr>
<tr><td>Das Futur
El futuro</td><td>Um das Futur zu bilden, hängt man die Endungen -é, -ás, -á, -emos, -éis, -án an den Infinitiv.

Es gibt ein paar Verben mit unregelmäßigem Stamm im Futur.

Mit dem Futur bezieht man sich auf die Zukunft und drückt aus, was man über zukünftige Ereignisse denkt, hofft oder vermutet.</td><td>Viajaré, conoceré países y te escribiré postales.
Ich werde reisen, Länder kennen-lernen und dir Postkarten schreiben.

diré, haré, podré, pondré, querré, sabré, saldré, tendré, vendré,
hay → habrá

Dentro de dos años sabremos la respuesta.
In zwei Jahren werden wir die Antwort kennen.</td><td>5/
6</td><td>13/
15</td></tr>
<tr><td>Das Gerundium
El gerundio</td><td>Das Verb seguir + gerundio kann im Deutschen u.a. mit weiter/immer noch etwas tun übersetzt werden.

Das gerundio bildet man mit dem Verbstamm und den Endungen -ando oder -iendo.

Es gibt nur wenige unregelmäßige Formen (siehe auch Bd.1 § 32 a).</td><td>En Madrid sigue lloviendo y haciendo frío.
In Madrid regnet es weiter, und es ist weiterhin kalt.

compr(ar): comprando
vend(er): vendiendo
sal(ir): saliendo

<table><tr><td>preferir</td><td>prefirió</td><td>prefiriendo</td></tr><tr><td>pedir</td><td>pidió</td><td>pidiendo</td></tr><tr><td>poder</td><td>pudo</td><td>pudiendo</td></tr><tr><td>leer (Vokal)</td><td>leyó</td><td>leyendo</td></tr><tr><td>ir</td><td></td><td>yendo</td></tr></table></td><td>7</td><td>16</td></tr>
<tr><td>Der Imperativ
El imperativo</td><td>Der Imperativ drückt einen Befehl aus.

Beim verneinten Imperativ werden die gleichen Verbformen wie im subjuntivo verwendet.</td><td>Lee el libro.
Lies das Buch!

No leas el libro.
Lies das Buch nicht!</td><td>3</td><td>9</td></tr>
<tr><td>Die indirekte Rede
El estilo indirecto</td><td>In der indirekten Rede berichtet der Sprecher über das, was jemand gesagt hat.

Werden Ratschläge, Befehle, Vorschläge und Bitten in der indirekten Rede wiedergegeben, verwendet man den subjuntivo.</td><td>Eva dice: "Soy de México".
→ Eva dice que es de México.
Eva sagt: „Ich bin aus Mexiko."
→ Eva sagt, sie sei aus Mexiko.

¡Sal de la habitación!
Me pide que salga de la habitación.
Er/Sie bittet mich, das Zimmer zu verlassen.</td><td>3</td><td>9</td></tr>
</table>

Kleine Grammatikschule

Begriff	Erklärung	Beispiele	§	S.
Das Konditional El condicional	Um das **Konditional** zu bilden, hängt man die (imperfecto-) **Endungen -ía, -ías, -ía, -íamos, -íais, -ían an den Infinitiv.**	apagar **ía** te bajar **ías** volver **ía** perder **íamos** ir **íais** se aburrir **ían**	8/ 9	17/ 19
	Es gibt ein paar Verben **mit unregelmäßigem Stamm.**	**dir**ía, **har**ía, **podr**ía, **pondr**ía, **querr**ía, **sabr**ía, **saldr**ía, **tendr**ía, **vendr**ía, hay → **habr**ía		
	Das Konditional wird verwendet, um:			
	• **Möglichkeiten** auszudrücken,	**Podríamos** aprender español. *Wir könnten Spanisch lernen.*		
	• **Vorschläge** zu machen,	**Podrías** ir al cine. *Du könntest ins Kino gehen.*		
	• **Ratschläge** zu erteilen,	**Deberías** ahorrar agua. *Du solltest Wasser sparen.*		
	• höfliche **Bitten** zu formulieren,	¿**Podrías** ayudarme, por favor? *Könntest du mir bitte helfen?*		
	• **Wünsche** zu äußern.	Me **gustaría** ir a Madrid. *Ich würde gerne nach Madrid fliegen.*		
Die Objekt-pronomen Los pronombres de objeto	Das **direkte Objekt** beantwortet die Frage **Wen?** oder **Was?**, das **indirekte** die Frage **Wem?**. Sie lassen sich durch entsprechende Pronomen ersetzen.	Compro **tomates.** → **Los** compro. *Ich kaufe Tomaten. → Ich kaufe sie.* **A Juan le** gustan las fiestas. → **Le** gustan las fiestas. *Juan gefallen Partys. → Ihm gefallen Partys.*	4	10/ 11
	Stehen **zwei Objektpronomen** beim Verb, lautet die Reihenfolge: **indirektes + direktes Objekt**.	Me das un libro. **Me lo** das. *Du gibst mir ein Buch. Du gibst es mir.*		
	Steht das indirekte Objekt-pronomen der 3. Person **le** oder **les** vor einem direkten Objektpronomen, wird es zu **se**.	Doy a Julia una carta. **Se la** doy. *Ich gebe Julia einen Brief. Ich gebe ihn ihr.*		

Begriff	Erklärung	Beispiele	§	S.
Das Passiv mit se La pasiva con *se*	Mit dem Pronomen **se + Verb in der 3. Person** (Sg. oder Pl.) kann man deutsche **Passivsätze** wiedergeben. Das Verb richtet sich im Numerus (Sg. oder Pl.) nach dem Nomen, das folgt.	Aquí **se** come bien. *Hier isst man gut.* *Hier wird gut gegessen.* Se habl**a** alemán. *Man spricht Deutsch.* Se habl**an** dos idiomas. *Man spricht zwei Sprachen.*	10	21
Das Passiv mit ser La voz pasiva con *ser*	Das **Passiv** wird mit dem konjugierten Verb **ser** und dem **Partizip Perfekt** gebildet. Das Partizip wird dabei in Genus und Numerus an das Subjekt angeglichen.	El nuevo edificio **es criticado**. *Das neue Gebäude wird kritisiert.* Las murallas del castillo de Montjuïc **fueron construidas** en el siglo XVII. *Die Mauern der Burg von Montjuïc wurden im 17. Jahrhundert erbaut.*	10	21
Das Plusquam-perfekt El pluscuam-perfecto	Das **pretérito pluscuamperfecto** drückt eine **Vorvergangenheit** aus und beschreibt Ereignisse, die vor einem anderen Zeitpunkt in der Vergangenheit stattgefunden haben. Es besteht aus dem **imperfecto** von **haber** und dem **Partizip Perfekt**.	Cuando Ana llegó, ya **habíamos cenado**. *Als Ana kam, hatten wir schon zu Abend gegessen.* Ayer encontré una carta que **había escrito** mi abuela. *Gestern fand ich einen Brief, den meine Oma geschrieben hatte.* Cuando Carlos llegó, Marta ya **se había ido**. *Als Carlos ankam, war Marta schon gegangen.*	12	25
Die Relativsätze mit Präposition Las subordinadas de relativo con preposición	Wenn der Relativsatz mit einer **Präposition** eingeleitet wird, muss **vor que** der **Artikel des Bezugsworts** stehen. Mit **donde** kann man die Relativ-pronomen mit **en + el / la / los / las que** ersetzen.	Las historias **de las que** hablan sus canciones son tristes. *Die Geschichten, von denen seine Lieder erzählen, sind traurig.* Buenos Aires es la ciudad **en la que** vivió. ↓ Buenos Aires es la ciudad **donde** vivió.	1	6

Kleine Grammatikschule

Begriff	Erklärung	Beispiele	§	S.
Ser und estar Der Gebrauch von *ser* und *estar*	Das Verb **ser** wird **vor einem Substantiv oder Pronomen** verwendet. Steht es vor einem Adjektiv, wird eine **charakteristische Eigenschaft** beschrieben. Das Verb **estar** wird für Orts- und Zeitangaben **mit der Präposition en** verwendet. Steht es vor einem Adjektiv, wird ein **vorübergehender Zustand** beschrieben.	Mi padre **es** médico. *Mein Vater ist Arzt.* Mi hermana **es** rubia. *Meine Schwester ist blond.* **Estoy** en Berlín. *Ich bin in Berlin.* **Estoy** enfermo desde ayer. *Ich bin seit gestern krank.*	11	22
Der subjuntivo El subjuntivo	Der **subjuntivo** wird nach **Verben des Wünschens + que** verwendet. Da der Sprecher mit **ojalá** einen Wunsch ausdrückt, steht das Verb des Satzes ebenfalls im **subjuntivo**. Der **subjuntivo** wird nach unpersönlichen Ausdrücken verwendet, die **keine Sicherheit** ausdrücken. Einige Adverbien können mit **Indikativ** oder **subjuntivo** stehen: Gilt eine Aussage als wahrscheinlich, steht der Indikativ. Gilt sie als zweifelhaft, steht der subjuntivo.	Espero que Juan Luis **tenga** suerte. *Ich hoffe, dass Juan Luis Glück hat.* Ojalá **nos mudemos**. *Hoffentlich ziehen wir um.* Es posible que Ana y Marta todavía **estén** en casa. *Es ist möglich, dass Ana und Marta noch zu Hause sind.* Tal vez **vayamos** a la Patagonia. *Vielleicht fliegen wir nach Patagonien.* Probablemente **nieve** mucho allí. *Wahrscheinlich schneit es dort viel.*	2	7/8

Register